ÉLOGE
DE BOURDALOUE

PAR

M. BUHOT DE KERSERS,

ANCIEN ÉLÈVE DE L'ÉCOLE POLYTECHNIQUE,

AUTEUR

DE L'HISTOIRE DE LA TOUR D'AUVERGNE, D'UNE ÉTUDE
SUR LE CARDINAL DE RETZ, ETC., ETC.

Loquebar de testimoniis Domini in conspectu
regum et non confundebar.
Ps. cxviii.

BOURGES

A. TRIPAULT, LIBRAIRE, RUE COUR-SARLON.

1875.

ÉLOGE
DE BOURDALOUE

PAR

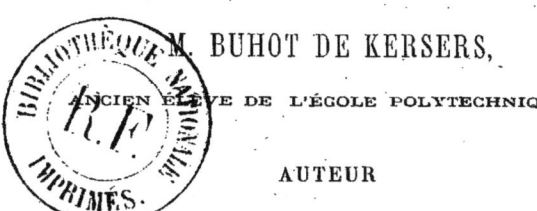

M. BUHOT DE KERSERS,

ANCIEN ÉLÈVE DE L'ÉCOLE POLYTECHNIQUE,

AUTEUR

DE L'HISTOIRE DE LA TOUR D'AUVERGNE, D'UNE ÉTUDE
SUR LE CARDINAL DE RETZ, ETC., ETC.

Loquebar de testimoniis Domini in conspectu
regum et non confundebar.
Ps. CXVIII.

BOURGES

A. TRIPAULT, LIBRAIRE, RUE COUR-SARLON.

1874.

ÉLOGE
DE BOSSUET-SIGUR

L'arrêt est rendu.

Mon *Éloge de Bourdaloue* n'a pas obtenu même un accessit!!!

L'on se demandera probablement comment l'auteur, après l'événement de son *Étude sur le Cardinal de Retz*, a pu s'exposer de nouveau au jugement de l'Académie.

Ses motifs sont faciles à déduire.

Lorsqu'il apprit quel était le sujet du concours de 1874, il ne douta pas un seul instant que quelque habitant de Bourges ne se fît un devoir de le traiter. Après avoir longtemps attendu, aucun fait ne s'étant produit, *à sa connaissance du moins,* qui confirmât ses prévisions, tout en regrettant que le Berry n'eût pas rencontré un plus éloquent interprète, il se résolut à descendre dans la lice, démarche à laquelle, il le répète, il ne s'est résigné, qu'afin qu'il ne fût pas dit qu'il ne s'était rencontré personne pour écrire l'éloge de Bourdaloue dans la ville sur laquelle ce grand homme avait répandu tant d'éclat.

Si l'on juge que les forces de l'auteur n'ont pas été au niveau de son zèle, qu'on se rappelle les deux vers de La Fontaine si souvent cités, et qui, en laissant désirer peut-être sous le rapport des termes, expriment une pensée qui ne trouve que trop souvent une juste application.

Enfin, aux personnes qui s'étonnent de ce qu'il ait

été assez naïf pour se flatter qu'un travail, dont presque toutes les pages reflétaient les sentiments religieux de l'auteur, obtiendrait les suffrages d'une assemblée qui, en admettant avec sympathie dans son son sein des personnes faisant publiquement profession d'athéisme, a forcé un illustre prélat, cité d'ailleurs dans le discours avec éloge, à répudier l'honneur d'être désormais compté au nombre de ses membres :

Il s'est borné à répondre, quoique ce ne fût certes pas à lui à défendre le jugement de l'Académie, qu'il ne pouvait admettre que de semblables considérations exerceraient quelqu'influence sur la décision à intervenir, et que, lors même qu'une telle pensée lui serait venue, il n'en aurait pas moins pris la plume, obéissant au précepte contenu dans ces paroles si puissantes sur une âme bretonne :

FAIS CE QUE DOIS, ADVIENNE QUE POURRA.

Lequebar de testimoniis Domini in conspectu
regum et non confundebar.
Ps. cxviii.

ÉLOGE
DE BOURDALOUE

Il est, chez tous les peuples, des époques à jamais célèbres par les œuvres immortelles qui les ont illustrées. Les Grecs ont eu le siècle de Périclès; Rome, les belles années de l'empire d'Auguste; Léon X a donné son nom à l'ère de la Renaissance, et Louis XIV n'apparaît à nos yeux qu'entouré des grands hommes qui, à tant de titres divers, dans les lettres, les sciences et les arts, à la tête des armées comme sous la voûte des temples, ont acquis une renommée impérissable. Ainsi, tandis que Bossuet, Fénelon, Fléchier, répandaient sur l'Église de France tant d'éclat et de gloire, un simple religieux s'élevait par l'ascendant de son génie et le charme d'une raison toujours éloquente au rang de ces illustres princes de l'Église.

« Plusieurs ministres de la religion ont avant vous
« prêché dans ma chapelle, j'en ai été généralement

« satisfait, mais toutes les fois que je vous ai entendu, « mon Père, j'ai été très-mécontent de moi-même. »

C'est par ces paroles remarquables que le Grand Roi, si bon juge en pareille matière, rendait hommage au talent d'un orateur appelé avec tant de justesse, *le prédicateur des rois* et *le roi des prédicateurs*.

Bourdaloue eut le bonheur de voir son mérite apprécié par ses contemporains et de jouir, pour ainsi dire, de sa renommée, comme nous l'apprennent les écrivains du temps, et, entre tous, Mme de Sévigné, dont le témoignage a d'autant plus de prix, que renfermé dans une correspondance qui n'était pas destinée à voir le jour, il est comme le reflet de l'opinion publique dont la postérité a confirmé le jugement.

Il est difficile, d'ailleurs, qu'un ministre de la religion s'abuse à cet égard; car lorsqu'il voit une multitude avide de l'entendre, accourir à flots pressés au pied de sa chaire, il ne saurait se dissimuler le succès qu'il obtient, et la puissante influence qu'exerce sa parole.

L'éloquence religieuse, ainsi que le remarque Chateaubriand, n'existait pas chez les anciens, et, avant la venue du Christ, l'histoire ne nous en offre pas d'exemple.

Si quelques orateurs ont, par exception, traité des questions de cette nature, on n'a point vu, dans les temps antiques, des prêtres du paganisme appeler les peuples au pied de leurs fausses divinités, pour leur exposer les préceptes de la religion et la morale qu'elle enseigne. C'est donc une voie nouvelle que le christianisme a ouverte à l'art de la parole, et l'on peut dire que nul ne l'a porté à un plus haut degré de perfection que le grand homme dont nous nous proposons de décrire et d'analyser le talent.

Louis Bourdaloue naquit à Bourges, le 20 août 1632, et, quoique cette observation soit sans importance, lorsqu'il s'agit d'un personnage d'une telle valeur, ses ancêtres avaient exercé dans la province les fonctions qui conféraient la noblesse.

Il entra dans l'ordre des Jésuites le 10 novembre 1648. Il y professa successivement différentes branches de l'instruction publique, entre autres la théologie. Les épreuves auxquelles la règle voulait qu'il fût soumis, ayant mis en évidence son talent pour la prédication, la Compagnie à laquelle il appartenait, avec cette éminente sagacité qu'elle montra depuis son origine et qui lui permet d'apprécier les aptitudes diverses de ses membres, le destina à cette carrière. On lui fit d'abord exercer son ministère en province; les succès qu'il obtint, dès ses débuts, portèrent ses supérieurs à l'appeler, en 1669, à Paris, où il arriva précédé d'une réputation méritée. Toutefois, par un excès de prudence, il dut prêcher d'abord toute une année dans l'église Saint-Louis, à la maison professe. Mais dès l'Avent de 1670, le roi lui-même désira l'entendre. Il en fut ainsi pendant les Carêmes de 1672, 74, 75, 80, 82, et les Avents de 1684, 86, 89, 91, 93. Il occupa la chaire sacrée un quart de siècle avec un éclat qui depuis n'a jamais été surpassé.

Après avoir prononcé l'un de ses premiers sermons à Bourges devant l'Archevêque, Jean de Montpensier, cent-deuxième successeur de saint Ursin, il prêcha successivement dans les différentes églises de Paris.

En 1686, après la révocation de l'édit de Nantes, il se produisit dans le Languedoc un grand nombre d'abjurations; mais, comme on avait lieu de craindre qu'elles ne fussent la conséquence forcée de cette rigoureuse mesure, on crut sage d'envoyer dans cette province le ministre du culte le plus propre à rendre ces conversions improvisées aussi solides que sincères. Bourdaloue sut se rendre également agréable aux catholiques et aux dissidents, et sans encourir le reproche d'intolérance de la part de ces derniers, il justifia par les résultats merveilleux qu'il obtint la confiance qu'il avait inspirée.

Nul n'était, en effet, plus propre à porter la conviction dans les esprits, comme le démontre une étude attentive de ses sermons. Sans se préoccuper, ainsi qu'il le dit lui-même, des frivoles ornements du langage, son désir, son unique but, après avoir fait luire la vérité aux yeux de ses auditeurs, était de les amener, par le seul exposé de la morale et du dogme, à reconnaître leurs erreurs et à rentrer d'une manière irrévocable dans le sein de l'Église.

Ainsi, dans le sermon qu'il prononça devant la population, en grande partie protestante, de Montpellier, après avoir invoqué les lumières du Saint-Esprit, afin de remplir dignement le ministère qui lui était confié, il demandait au Très-Haut, non pas une éloquence vaine qui n'aurait pour résultat que de satisfaire la curiosité de l'assemblée, mais une parole chrétienne et puissante, qui, tirant toute sa force de l'Évangile, eût le pouvoir d'éclairer les convictions rebelles, de sanctifier les âmes et de les soumettre à l'empire de la loi divine. Nous avons dit que ses vœux furent exaucés au-delà de toute espérance.

Le principal caractère de l'éloquence du Père Bourdaloue est une merveilleuse connaissance du cœur humain, dont il semble avoir fait une étude aussi sérieuse qu'approfondie. L'élocution ajoutait, sans doute, un nouvel attrait aux vérités qu'il développait avec tant de succès. Mais une lecture attentive de ses sermons offre autant d'intérêt que de charme. Et combien, cédant à l'impression qu'ils éprouvaient en les méditant, se sont écriés : « Comment l'auteur a-t-il pu
« aussi bien pénétrer mes secrets sentiments, les mo-
« biles qui, dans telle ou telle circonstance, et qu'il
« décrit avec tant de sagacité, ont dirigé ma conduite,

« absolument comme si je lui avais fait connaître au
« tribunal de la pénitence mes plus secrètes pensées. »

Plus heureux que les prédicateurs de notre temps qui ont à combattre l'incrédulité, fruit déplorable des productions impies du dix-huitième siècle et des temps plus rapprochés de nous, Bourdaloue n'avait pas à remonter jusqu'à l'origine du culte pour y puiser des preuves en faveur de la religion. Sa seule préoccupation était d'en exposer les préceptes à ses auditeurs convaincus, d'en déduire les conséquences, et de leur enseigner la voie qu'ils devaient suivre pour y conformer leur conduite.

Quelque sujet qu'il traite, il y puise des considérations inconnues du vulgaire des orateurs, et que son génie seul a pu lui révéler.

S'il est une condition de la nature humaine, qui, depuis l'origine du monde, paraisse avoir été envisagée sous ses divers aspects, c'est sans doute la mort à laquelle nous sommes tous irrévocablement condamnés. Après avoir dit que la pensée de notre fin dernière est le remède le plus souverain pour amortir le feu de nos passions, le moyen le plus efficace pour nous inspirer une sainte ferveur, propositions qui ne sortent pas du cercle ordinaire; planant tout à coup au-dessus des routes frayées, il ajoute que c'est la voie la plus infaillible pour conclure sûrement dans nos délibérations; assertion qui étonne, que seul peut-être il pouvait apercevoir, et qu'il développe avec une telle logique, avec une telle clarté, qu'on est forcé de reconnaître qu'il a tenu le langage de la plus haute raison, de la plus incontestable vérité.

Prêchant en Languedoc, le mercredi des Cendres (1686), sur le même sujet, il déclare à ses auditeurs que la cérémonie de ce jour doit leur apprendre à racheter devant Dieu, par une pénitence à la fois humble et sincère, l'orgueil de leur esprit; et ces deux discours, pour lesquels il a adopté le même texte, et qui n'ont d'ailleurs entre eux aucune similitude, frappent le lecteur d'une telle admiration, qu'il lui est impossible de céder pour l'un ou pour l'autre à un sentiment de préférence.

Tout dans sa bouche éloquente revêt une forme nouvelle. Ainsi, parle-t-il de la *communion ?* Laissant à d'autres la tâche facile de faire ressortir l'excellence de ce sacrement et les fruits abondants qu'il produit, il prend à parti sur-le-champ les chrétiens assez malheureux pour le négliger, au grand préjudice de leur salut, et qu'il partage en trois classes :

Il plaint, mais il comprend les cœurs sincères, qu'à l'exemple du centenier, une humilité, louable en elle-même, porte à s'en abstenir; en leur indiquant, toutefois, la voie qu'ils doivent suivre pour concilier leur modestie avec leur devoir.

Il frappe d'un blâme sévère les âmes faibles qui n'ont ni la résolution ni la vertu nécessaire pour s'en approcher dignement.

Mais avec quel éclat, quelle énergie, il foudroye les impies et les libertins livrés sans remords à tous les désordres d'une vie criminelle, misérables esclaves de leurs coupables passions.

L'on ne se ferait pas une idée exacte du caractère de l'illustre orateur, et l'on méconnaîtrait la sagesse et la modération qui président à tous ses discours, si on se le représentait comme animé d'un zèle trop ardent et poussant jusqu'à leurs plus extrêmes limites les conséquences des principes qu'il expose. Ainsi, dans ce même sermon, s'il condamne cet excès d'indulgence qui admet avec une déplorable facilité les chrétiens à la table sainte, il craint encore plus peut-être que, par une trop grande sévérité, et sans de légitimes motifs, on éloigne les fidèles de cette piscine salutaire qui seule peut effacer leurs péchés et les réconcilier avec Dieu.

Comme si sa haute raison devait éclater dans les matières mêmes les plus délicates, en conseillant l'aumône qu'il place avec raison au premier rang des prescriptions de la loi divine, il en décrit avec sagacité la forme et l'exécution. Il est, dit-il *une matière affectée et destinée de Dieu pour cet usage* et qu'on serait coupable de détourner de son objet. Mais il veut que nous satisfassions avant tout aux exigences de la situation dans laquelle la Providence nous a placés; puis, à nos obligations envers nos parents et nos subordonnés vis-à-vis desquels notre position personnelle nous impose de trop justes devoirs. Il entre, relativement à cette question si difficile, dans les plus grands développements et il trace, à cet égard, des règles si positives qu'il est impossible, après les avoir méditées avec soin, de conserver la moindre incertitude sur ce que l'on peut à bon droit appeler le *superflu*. Il ne craint pas d'ajouter que rien ici bas ne saurait être parfait, pas même la charité, si l'on ne consulte pas, en la faisant, la raison et les convenances; en même temps qu'il recommande de ne pas suivre, en distribuant ses bienfaits, son goût ou ses sympathies, mais la position et les besoins de l'indigent qui les réclame.

Il pense aussi que les riches ne doivent point répandre leurs dons en secret, non par un sentiment de vanité pharisienne, mais afin d'encourager leurs frères à les imiter; et l'on pourrait ajouter pour réconcilier le pauvre avec les heureux du siècle et justifier la Providence qui leur a donné la fortune.

En parlant des tentations, il se borne à développer avec cette clarté, cette magnificence d'élocution qui lui est propre, la sage doctrine de l'Église à cet égard.

Bourdaloue trouve une similitude parfaite entre *le jugement de Dieu et le jugement du monde*; et lorsqu'il nous dit que la crainte que nous avons des *jugements du monde* est un premier préjugé de *la rigueur des ju-*

*gement*s *de Dieu* et qu'il ajoute que le trouble que nous cause le *jugement* de notre conscience constitue à cet égard un second préjugé non moins positif que l'autre, il n'est personne peut-être qui ne regarde ces deux propositions comme des paradoxes, ou mieux encore comme des jeux d'esprit. Mais lorsqu'on a donné aux développements dans lesquels il a cru convenable d'entrer, toute l'attention qu'ils méritent, l'on reste convaincu de la vérité de ses assertions et l'on se plaît à rendre hommage à la sagesse qui les a dictées.

Le sermon qui a pour titre de *la religion chrétienne*, semblerait démentir cette proposition que nous avons émise, qu'il ne croyait pas avoir à convaincre ses auditeurs de la divinité de la révélation. Mais quand on arrive au partage de son discours, l'on reconnait bientôt que le seul but de l'orateur est de déduire de son sujet les considérations morales propres à leur inspirer le désir d'obtempérer aux prescriptions de la loi de Dieu.

Le plan qu'il s'est tracé en prêchant sur la *prière* est très-simple. Il déclare que nous ne sommes pas plus souvent exaucés, parce que nous ne demandons pas ce qu'il faut ou que nous ne le demandons pas comme il faut.

Bourdaloue ne recule devant aucune difficulté. Sans se dissimuler la délicatesse du sujet, il annonce qu'il va traiter de la *prédestination*, qu'il appelle lui-même *un mystère profond et adorable* sur lequel on a formé et l'on forme encore tant de questions. Il faut lire en entier cet admirable discours pour connaître toute l'étendue de ce beau génie auquel l'Esprit-Saint semble avoir donné ces lumières surnaturelles, sans lesquelles il est impossible d'approfondir et d'éclairer cette importante et difficile matière.

Aux calomnies des ennemis de la religion chrétienne qui s'efforcent de persuader aux faibles et aux ignorants que la loi divine blesse toutes les notions du bon sens et de la véritable prudence ou qui veulent la rendre odieuse en la représentant comme trop dure et sans onction, il oppose le vrai caractère de la morale évangélique souverainement empreinte de raison et de douceur.

Frappé du danger que courent les pécheurs qui semblent attendre le moment de la mort pour se convertir, il leur démontre les dangereuses conséquences de cette imprudente disposition d'esprit et le péril, auquel ils s'exposent, d'arriver à leur dernier jour sans s'être mis en mesure de paraître devant leur souverain juge.

De tous ses sermons qui sont, pour ainsi dire, autant de chefs-d'œuvre, il n'en est pas peut-être qu'on doive plus admirer que celui qu'il prêcha sur l'*ambition* en présence du roi et de toute sa cour, c'est-à-dire devant les personnes auxquelles ses leçons pouvaient être le plus utiles. La convenance d'un pareil sujet en faisait aussi la difficulté; et, malgré la séduction que sa parole toujours éloquente exerçait sur son auditoire, il avait à craindre de blesser de nombreuses susceptibilités. De semblables motifs n'étaient pas, il est vrai, capables de l'arrêter, et l'on s'accorde généralement à reconnaître que jamais il ne s'est montré plus digne de lui-même. Quelle fidélité, quelle profondeur dans la peinture qu'il fait de cette dangereuse passion et des funestes effets qu'elle produit *par rapport à Dieu, par rapport au prochain et par rapport à ses victimes* elles-mêmes! Mais, tandis qu'elle n'est aux yeux du vulgaire que le désir des jouissances que procurent les honneurs et les richesses, s'élevant aux plus hautes considérations, telles que personne avant lui ne les avait même entrevues, il ne craint pas de dire aux grands et aux puissants du monde que ces frivoles distinctions qu'ils recherchent avec tant d'ardeur, sont dans l'ordre de la prédestination éternelle, autant de vocations que Dieu leur accorde pour lui et non pour eux. Il va plus loin encore, et il déclare sans détour que ces faveurs si enviées qui flattent leur orgueil ne sont que des assujettissements à servir le prochain, et il rappelle à cet égard, avec l'Évangile, qu'être placé au-dessus des autres n'est qu'une obligation plus étroite de leur être utile. Mais écoutons ces belles paroles : « L'espérance des commodités de la vie et des « avantages qui paraissent accompagner les dignités « et les emplois éclatants n'est qu'une illusion dont on « est bientôt cruellement désabusé, à l'aspect des de- « voirs souvent pénibles que nous impose notre nou- « velle situation et des croix qui en sont inséparables. » Il termine par cette réflexion bien inattendue sans doute, lorsqu'il s'agit d'une ambition satisfaite, et qui seule suffirait pour attester toute la supériorité de l'orateur: *Demandons-nous à nous-mêmes, comme le Seigneur aux enfants de Zébédée, si nous pouvons boire ce calice.*

Ainsi, il s'est rencontré un ministre des autels qui, du haut de la chaire, a osé dire aux hommes de Cour, dont toutes les aspirations, dont la vie entière étaient en quelque sorte concentrées dans une convoitise désordonnée des distinctions et des honneurs : *Si vos cœurs sont remplis, si vous parvenez au but de vos ardents désirs, au lieu des félicitations que vous vous croyez en droit d'obtenir et que le monde vous prodiguera sans doute,* demandez-vous si vous pourrez bien boire ce calice.

Nous nous sommes étendus à dessein sur ce magnifique sermon, car, nous le répétons, et la faible analyse que nous venons d'en donner suffira peut-être pour en convaincre le lecteur, jamais prédicateur ne s'est livré à des réflexions plus profondes et plus propres à frapper de terreur un semblable auditoire, si toutefois un pareil auditoire était susceptible de se laisser arrêter par de telles considérations; ce qui, malgré toute l'éloquence avec laquelle elles étaient émises, nous paraît bien peu probable.

Après *l'ambition*, Bourdaloue a cru devoir prêcher sur les *richesses*, et conduit par son sujet à parler du veau d'or, substitué par les Juifs au culte du vrai Dieu, il n'hésite pas à dire que cette idolâtrie fut hélas! de tous les temps, et ce qu'il disait alors peut, avec non moins de raison, s'appliquer à notre siècle; qui, autant que tout autre, plus que tout autre peut-être, en est si malheureusement atteint.

Des richesses à *l'enfer*, la transition n'était que trop naturelle, puisque l'Évangile nous dit que, sauf de bien rares exceptions, les heureux du monde doivent craindre que tel ne soit un jour leur partage. Aussi l'orateur n'hésite pas à déclarer que le texte de la veille pouvait être encore celui du lendemain.

Nous croyons devoir faire observer que Bourdaloue, lorsqu'il se propose de parler sur l'ambition, sur les richesses, etc., réserve de tels sujets pour les jours où il doit prêcher devant le roi et toute sa cour, c'est-à-dire en présence des personnes auxquelles s'appliquaient plus spécialement les observations sévères qui découlaient naturellement de la matière qu'il semblait avoir choisie exprès, sans se préoccuper des suites de leur ressentiment, au cas où elles s'en seraient trouvées offensées.

Le noble courage dont il fit preuve, dans ces diverses circonstances, rappelle involontairement le premier sermon que le missionnaire Bridaine, qui jusqu'alors n'avait exercé son ministère qu'en province, prêcha à Paris, devant la plus brillante société. Dans son exorde, d'une sublime éloquence, il déclare que, loin d'être intimidé, comme on paraît le supposer, en montant dans cette chaire, à la vue d'un auditoire

aussi nouveau pour lui, *lorsque ses regards tombent sur les grands, sur les riches, sur des pécheurs audacieux et endurcis, qui ont tout à redouter de la mort qui les menace et du Dieu qui s'apprête à les juger,* il se reproche, au contraire, « d'avoir prêché les rigueurs
« de la pénitence à des infortunés qui manquaient de
« pain, d'avoir contristé les pauvres et les meilleurs
« amis de son Dieu, et porté l'épouvante et la douleur
« dans les âmes simples et fidèles, qu'il aurait dû
« plaindre et consoler. »

On admire, et l'on ne saurait trop admirer ces magnifiques paroles; mais quel éloge ne mérite pas Bourdaloue, qui, sans se livrer à des mouvements aussi élevés, peut-être, mais d'une élégance soutenue, ne craint pas, devant la cour la plus brillante de l'Europe, de remplir ce qu'il considère comme un devoir de son ministère avec une fermeté qui ne s'est jamais démentie.

Mais que dis-je ? Ce n'est pas seulement aux grands et aux riches du monde qu'il fait entendre la vérité, c'est au roi lui-même, à Louis XIV, le monarque le plus imposant et le plus respecté, peut-être, qui fût jamais, qu'il ose reprocher ses fautes, dans le fameux sermon sur l'*adultère*, qu'il prononça en 1680, alors que Mme de Montespan régnait encore, et à propos duquel Mme de Sévigné s'exprime ainsi : « Nous enten-
« dîmes, après dîner, un sermon du père Bourdaloue,
« qui frappe toujours comme un sourd, disant des vé-
« rités à bride abattue, parlant à tort et à travers
« contre l'adultère ; sauf qui peut, il va toujours son
« chemin. » L'auteur, par ces quelques mots d'un style inimitable, a donné, comme à son ordinaire, une idée très-juste de la manière dont l'illustre prédicateur s'était comporté dans cette mémorable circonstance. Il ne craignit pas, en effet, d'appliquer au prince, qu'il voulait ramener, les paroles de Nathan à David : *Tu*

es ille vir. Le monarque, qui suivait attentivement l'orateur, parut, d'après les mémoires du temps, comprendre l'allusion ; toutefois, les quatre mots latins, dont il ne comprenait pas le sens, lui inspiraient un vif sentiment de curiosité. Aussi, son premier soin, en sortant, fut-il de s'enquérir auprès de seigneurs qui l'environnaient, de leur signification. Mais on conçoit que ces membres de la cour la plus policée de l'Europe, *en avaient un trop long usage*, pour ne pas trouver mille motifs, plus ou moins spécieux, qui leur permissent d'éluder l'explication demandée. Montausier seul, soit qu'il n'eût pas accompagné le roi, soit, ce que son austère vertu rend plus probable, qu'il ne crût pas devoir user de dissimulation, même au risque d'encourir une disgrâce, répondit, avec sa courageuse franchise : *Sire, cela veut dire* : TU ES CET HOMME-LA. Tous les auditeurs, on le conçoit, s'empressèrent de blâmer Bourdaloue, quand le roi, avec cette majesté, cette grandeur d'âme, qu'il apportait généralement dans toutes ses actions, comme dans tous ses discours, leur dit, en véritable prince chrétien : *Messieurs, il a fait son devoir, faisons le nôtre*. Admirables paroles, qui honorent à la fois le souverain qui les prononça, et le ministre de la religion, dont elles étaient le plus bel éloge.

A tous ces mérites, Bourdaloue joignait une parfaite convenance de langage. Ainsi, après avoir prononcé son sermon sur *l'impureté*, il aurait pu ajouter, comme saint François de Sales, qui avait traité le même sujet : *Je crois avoir dit tout ce que je voulais dire, et avoir fait entendre, sans le dire, ce que je ne voulais pas dire.*

Modéré en tous ses discours, s'il ne proscrit pas absolument le *zèle*, comme Talleyrand, de trop célèbre mémoire, il veut, avec cette haute raison qui le dirige, qu'avant d'en faire preuve à l'égard des autres, on l'exerce d'abord sur soi-même.

Il nous dit, toujours inspiré par la même sagesse, que ce n'est point obéir à la *loi divine* que de l'observer dans quelques détails minutieux et d'en négliger les prescriptions les plus importantes; de prendre en considération, comme les pharisiens, la partie matérielle, d'en fouler aux pieds la morale. Mais il condamne la conduite opposée, qui consisterait à partager en diverses classes, suivant une division arbitraire, les devoirs que la religion nous impose, afin de se donner le droit de n'en pratiquer qu'une partie, parce qu'il est à craindre qu'en agissant ainsi, on n'arrive à ne remplir ni les uns, ni les autres.

Bourdaloue déclare que *sans religion il ne saurait y avoir de probité, et que, sans probité, point de religion.* Cette dernière proposition, qui naît de la définition même de la religion, est d'une telle évidence, que l'orateur aurait pu s'abstenir de la développer; on en dirait autant de la première, si, dans ces temps de morale indépendante, nos libres-penseurs ne s'étaient donné pour mission de prouver que l'on peut avoir toutes les vertus possibles, sans reconnaître aucun culte. Combien il serait à désirer que la lecture de cette partie de son discours fût plus généralement répandue. Les sectateurs de ces déplorables doctrines verraient comment leur redoutable adversaire, prenant corps à corps les malheureux sophistes, qui affectent une incrédulité qu'ils n'ont pas au fond du cœur, et, jetant sur l'avenir un regard prophétique, semble prévoir les tristes destinées que subit la France depuis près d'un siècle. Il se demande ce que deviendrait un peuple qui aurait abandonné toute idée religieuse, et fait connaître quelles seraient les conséquences d'un pareil aveuglement; à son défaut, 1793 et 1871 se seraient chargés de la réponse. « Vous me di-

» rez, poursuit l'éloquent orateur, qu'indépendamment
» de toute religion, il y a un certain amour de la jus-
» tice, que la nature nous a inspiré, et qui suffit au
» moins pour former un caractère d'honnête homme,
» selon le monde. »

Nous regrettons que les bornes que nous sommes forcé de nous imposer, ne nous permettent pas de citer en entier ce beau passage, où il montre toute l'insanité d'une pareille prétention, lignes éloquentes, qu'on ne pourrait abréger, sans leur faire perdre une grande partie de leur valeur.

Il n'est point de sujet dont les difficultés soient susceptibles de l'arrêter; ainsi, il se propose de prêcher sur *la grâce*, et déduit de l'Évangile de la Samaritaine qui lui a fourni son texte, qu'elle peut non-seulement élever le pécheur de l'abîme où ses fautes l'ont précipité au plus haut degré de sainteté, mais quelquefois même le prévenir, comme dans l'exemple que nous venons de citer.

L'orgueil qui, après avoir perdu le premier homme, continue à exercer sur ses descendants une si funeste influence, leur persuade que la raison humaine suffit pour les conduire. Mais Bourdaloue, combattant cette erreur, hélas trop répandue de nos jours, établit victorieusement que rien *n'est plus sage* que l'homme qui prend pour règle de toutes ses actions *la foi de la Providence*, que rien n'est plus heureux que le chrétien qui fait consister tout son appui dans *la foi de la Providence*.

Avec l'autorité que lui donne son ministère et sa puissante parole, il proclame que le saint Sacrifice de la messe est souverainement respectable, par ces deux raisons, dont une seule serait suffisante, que *c'est à Dieu qu'il est offert*, et que *c'est un Dieu qui est offert*.

Il compte trois sortes d'aveuglements spirituels, et

démontre successivement, avec autant de vérité que d'énergie, les funestes conséquences que l'un quelconque d'entre eux ne manque pas de produire pour le pécheur, dont l'orateur considère le déplorable état comme un châtiment mérité de la justice de Dieu.

On aurait pu croire qu'après les deux magnifiques sermons sur la mort, prêchés successivement à l'occasion du mercredi des Cendres, Bourdaloue aurait épuisé cette matière ; mais il trouve encore, en parlant de la préparation à cette heure terrible, des considérations nouvelles de l'ordre le plus élevé. Ainsi, il reproche à ses auditeurs, qui sont certains de mourir, de vivre comme s'ils conservaient quelque doute à cet égard, et quoique ignorant le moment précis qui mettra fin à leur existence, de ne pas prendre plus de précaution que s'ils connaissaient l'instant où ils disparaîtront de ce monde. Il termine en leur disant que, malgré la crainte qu'ils éprouvent intérieurement à ce sujet, ils n'apprennent *point par l'usage qu'ils font de la vie* à mourir, quoique ce dût être là leur principale et, pour bien dire, leur unique préoccupation.

Il assimile à un mort le pécheur qui s'éloigne de Dieu, et à l'homme qui ressuscite, celui qui se rapproche du Très-Haut. D'après cette division de son discours, on s'étonne moins de le voir prendre pour texte la *Résurrection de Lazare*, dont, à la première vue, il était bien difficile d'apercevoir la corrélation avec le titre de son sermon, *De l'éloignement de Dieu et du retour à Dieu*.

En prêchant sur la parole divine, après avoir dépeint le bonheur de ceux qui l'écoutent et la mettent en pratique, il plaint les chrétiens assez malheureux pour résister à sa céleste influence. Il ajoute que les pécheurs seront jugés un jour d'après l'usage qu'ils en auront fait, et, par un mouvement sublime, au-dessus duquel on ne trouve rien dans Massillon, ni même dans Bossuet, rappelant que le Christ a promis à ses apôtres, et dans ses apôtres aux prêtres, leurs successeurs, de les faire asseoir auprès de lui, pour juger toutes les nations, il se demande si, après avoir été le *prédicateur de cet auditoire chrétien*, il n'en sera pas l'accusateur, *peut-être même le juge*, et s'écrie qu'en le condamnant, il se condamnera lui-même le premier, puisqu'il est plus obligé que les personnes qui l'écoutent *à pratiquer les vérités qu'il enseigne*.

Il ne connaît, d'ailleurs, aucune limite à *l'amour de Dieu;* il veut que, dans quelque condition qu'il se trouve et malgré tous les obstacles qu'il rencontre, le chrétien pratiquant ce que la morale évangélique a de plus contraire à la nature et à l'amour-propre, fasse tout céder au désir de prouver à Dieu combien il l'aime; et, toujours éloquent, il termine en demandant à ses auditeurs, combien il s'en trouverait parmi eux qui puiseraient dans cet auguste sentiment la force d'aller jusqu'au sacrifice de leur vie.

Je ne sais, mais il me semble que le courage déployé pendant les temps néfastes de nos révolutions, par tant de martyrs qui, dans toutes les classes de la société et surtout parmi les membres du clergé, ont préféré la mort à l'apostasie, a victorieusement prouvé que la religion avait encore conservé, sur un grand nombre de cœurs chrétiens, un noble et puissant empire.

Bourdaloue n'était pas le seul qui émît des doutes à cet égard. Combien, en voyant la vie molle et quelquefois malheureusement voluptueuse des hauts dignitaires de l'Église, sous Louis XV, s'étaient écriés que l'ère des martyrs était passée, et qu'on ne trouverait plus de prélats prêts, non pas à sacrifier leur vie, mais même à renoncer à leurs riches prébendes pour rester fidèles à la foi. Eh bien! les annales tristes, mais à jamais glorieuses pour la religion, de nos orages politiques, ont consacré les noms d'un nombre considérable de héros chrétiens, dont la mort à la fois sainte et sublime ne le cédait en rien au dévouement des victimes des premiers siècles de l'Église.

On regrette de ne pouvoir reproduire les considérations à l'aide desquelles il démontre que l'*état du péché est un état souverainement malheureux*, et l'*état de grâce* un état souverainement heureux. Beaucoup de ses auditeurs auraient probablement été à même d'attester, par leur propre expérience, la vérité de la première proposition. Mais combien est-il de chrétiens qui soient dans un état assez parfait pour se croire en droit d'apporter leur témoignage en faveur de la seconde.

En parlant de la célèbre pécheresse Marie-Magdeleine, après avoir dit, ainsi qu'il résulte des paroles mêmes du Sauveur, que *beaucoup de péchés lui ont été remis, parce qu'elle a beaucoup aimé;* il ne craint pas d'ajouter *qu'elle a beaucoup aimé parce qu'il lui a été beaucoup pardonné.* Sentiment qui ne laisse pas que d'avoir un certain mérite sur cette misérable terre où la reconnaissance n'est pas commune, et qu'on doit regarder chez elle comme un effet de la grâce que lui avait méritée son sincère repentir.

Nous ne rechercherons pas si, en choisissant un pareil sujet, l'orateur n'avait pas en vue une autre Magdeleine alors en faveur auprès du roi : et dont il espérait peut-être, par ce mémorable exemple, préparer la conversion. Mais, quelqu'ait été le but qu'il se proposait, on doit lui accorder qu'aucun bienfait n'est plus propre à provoquer la gratitude, dans un cœur chrétien, que la grâce du retour à Dieu, puisque l'Écriture nous enseigne que la conversion sincère et complète d'un pécheur, est un miracle plus grand que la résurrection d'un mort.

Quel est celui d'entre nous auquel le seul titre de son sermon sur le *jugement téméraire* ne fait pas faire un retour sur lui-même? Ce discours, lorsqu'on le lit avec attention, produit l'effet d'une glace dans laquelle on verrait réfléchir son image. Car si beaucoup de chrétiens se flattent, avec raison, d'être inaccessibles à ces funestes passions, qui portent atteinte à la considération et à l'honneur, en est-il qui puissent se proclamer incapables de jugement téméraire? Et, s'il s'en rencontrait qui émissent cette prétention, il suffirait de quelques heures de conversation pour leur démontrer combien elle serait peu fondée de leur part. Il est, sans doute, un petit nombre d'âmes d'élite qu'une immense charité peut, jusqu'à un certain point, préserver de ce défaut, mais elles sont bien rares, et notre conviction, résultat d'une longue expérience, est, qu'à moins de se condamner à un silence absolu, il est à peu près impossible, fût-ce même involontairement, de ne pas s'en rendre quelque peu coupable.

Au reste, Bourdaloue déclare que, pour se croire en droit de juger son prochain, trois choses sont indispensables : l'*autorité,* une *connaissance approfondie du fait,* et l'*intégrité,* c'est-à-dire l'*impartialité;* et certes, on ne peut que rendre un complet hommage à la sagacité dont l'orateur a donné une nouvelle preuve dans cette circonstance. Mais on comprendra, par ce seul énoncé, sans même connaître les judicieux développements dans lesquels il a cru devoir entrer à cet égard, combien il est peu de personnes qui possèdent les conditions nécessaires pour apprécier, en sûreté de conscience, les actions d'autrui.

Après avoir, dans un précédent discours, indiqué, d'une manière générale, les dispositions qui seules permettent d'approcher dignement du sacrement de l'Eucharistie, le célèbre prédicateur, sans se répéter, a pris pour sujet, le dimanche des Rameaux, la *communion pascale;* et, certes, il ne pouvoit faire un choix mieux approprié à la circonstance. Puisant dans l'Évangile du jour le texte et le partage de son sermon, il nous dit que l'entrée triomphale du Sauveur dans Jérusalem est l'image du chrétien qui s'approche de la table sainte avec des sentiments convenables, tandis que l'hostilité des pharisiens lui représente, au contraire, une communion indigne et sacrilége.

Cette division suffira pour faire apprécier la différence qui existe entre les deux sermons.

Bourdaloue avait déjà parlé du danger que l'on court en remettant sa conversion à l'instant de la mort. Revenant sur le même sujet le premier jour de la Semaine sainte, il va plus loin encore et démontre le péril du moindre retard, parce qu'en s'abstenant, pour quelque cause que ce soit, l'on semble assuré de trois choses qui peuvent manquer au pécheur, savoir : *du temps de la pénitence, de la grâce de la pénitence, de la volonté de faire pénitence*. Ce seul partage de son discours démontre combien est téméraire la conduite du pécheur, qui se persuade qu'aucun de ces éléments ne lui fera défaut, alors que la faiblesse de l'homme ne lui permet pas même de compter sur ses propres sentiments; vérité triste, sans doute, mais que la violence des passions qui ne nous entraînent que trop souvent, malgré tous nos efforts pour leur résister, démontre jusqu'à la dernière évidence.

Le but qu'il se proposait, en traitant cette matière, quelques jours avant la résurrection du Sauveur, était d'engager ses auditeurs à ne pas négliger le devoir pascal de la présente année, pour le remettre à une autre époque où ils n'auraient peut-être ni le pouvoir ni la volonté d'y satisfaire.

A la seule pensée qu'on va lire un sermon de Bourdaloue, de Bourdaloue! sur la Passion, l'on ressent involontairement la plus vive émotion, car nul sujet ne se prête davantage aux mouvements de la plus haute éloquence. Aussi, ses contemporains, qui, plus favorisés que nous, avaient le bonheur de l'entendre, se pressaient-ils avec ardeur dans le temple qu'il remplissait de sa sublime parole; et l'on apprend sans surprise que, pour être assuré d'y pénétrer, il fallait prendre ses mesures, quelquefois même plusieurs jours à l'avance. .

Mais, quelque préparé que l'on soit à voir l'orateur puiser dans le récit de la mort du Sauveur des considérations nouvelles et destinées à frapper, d'une manière inattendue, le cœur et l'esprit de ses auditeurs, on reconnaît bientôt qu'il était impossible de prévoir une telle élévation de pensée.

Aussi, condamnant avec une noble indignation l'aveuglement des chrétiens qui considèrent la mort du Sauveur comme *le mystère de son humilité et de sa faiblesse,* il se propose de leur montrer que *c'est dans ce mystère qu'il fait paraître toute l'étendue de sa puissance,* et, tandis que le monde semble regarder *ce mystère comme une folie,* il s'engage à faire voir que *c'est dans ce mystère que Dieu a fait éclater le plus hautement sa sagesse.*

Ne se dissimulant pas toute la difficulté de son sujet, dans un magnifique exorde où il déploie toutes les richesses de sa parole, il demande au ciel les lumières dont fut rempli saint Paul, *lorsque Dieu le choisit pour porter aux rois le nom du Christ et leur faire révérer, dans l'humiliation même de sa mort, la divinité de sa personne..*

Il pose en principe, et démontre, d'une manière irrécusable, que Notre-Seigneur est mort *parce qu'il l'a voulu* et de la façon *qu'il l'a voulu.* Passant en revue toutes les circonstances de sa Passion et les miracles qui l'ont accompagnée, il arrive à cette conclusion, que la mort du Fils de Dieu est non-seulement *un miracle,* mais *le plus grand de tous les miracles.*

Puis il poursuit en disant que ce sacrifice avait aussi

pour but de guérir l'homme des passions qui exercent sur lui le plus d'empire, telles que l'ambition, l'avarice, la haine, et de lui inspirer l'amour de la pauvreté, l'humilité, la charité, le pardon des injures, en un mot, toutes les vertus dont la mort de l'auguste victime nous a laissé de si sublimes leçons.

Abandonnant au vulgaire des orateurs le soin facile de célébrer la gloire et la grandeur que révèle la résurrection du Sauveur, dont il a naguère décrit avec tant d'éloquence et de talent les humiliations et les souffrances, s'appuyant sur ces paroles de saint Luc : *Dominus surrexit et apparuit,* il en déduit le plan de son discours. Il ne suffit pas, dit-il, que le pécheur converti, dont le Christ ressuscité est l'image, soit réellement transformé, il faut encore que l'heureux changement qui s'est opéré en lui, apparaissant à tous les yeux par une conduite nouvelle, devienne pour tous un sujet d'édification, une lumière, en un mot, destinée, en éclairant ses frères, à contribuer, autant qu'il est en lui, à la gloire de Dieu.

Après nous avoir dit que le Sauveur, par sa passion et sa mort a vaincu le péché, il se propose de démontrer que cette victoire serait imparfaite, s'il ne triomphait en même temps de notre inconstance. Il ajoute que la résurrection du Fils de Dieu est une exhortation à la *persévérance chrétienne,* et que cette grâce si précieuse, si difficile à obtenir, *est le gage le plus assuré de notre résurrection bienheureuse.* Puis il déclare que ce n'est pas sans dessein qu'il prêche le lundi de Pâques, sur un pareil sujet, car il n'ignore pas les coupables habitudes du monde, et maintenant que le temps de Carême, couronné par la solennité de la veille, est passé, il prévoit que les faibles chrétiens qui se sont montrés les plus assidus aux offices de la sainte Quarantaine, vont se livrer, comme de coutume et avec plus d'ardeur encore peut-être, aux vaines et souvent criminelles distractions auxquelles ils avaient momentanément renoncé.

Enfin, le premier dimanche après Pâques, il prêche en véritable ministre de l'Évangile *sur la paix chrétienne*; et il ne pouvait clore d'une manière plus digne la magnifique série de ses admirables discours.

Il se propose d'établir qu'en soumettant sa raison à la foi, l'on se procure *la paix de l'esprit,* et qu'en s'assujetissant à la loi de Dieu, l'on se met en possession de *la paix du cœur.* Mais quel est le mortel assez favorisé du ciel pour que son exemple puisse servir à la démonstration de ces deux vérités. Tandis que si l'orateur avait cru devoir en appeler au témoignage de ses auditeurs pour démontrer que *la paix du cœur, la paix de l'esprit,* ne sauraient exister là où ne se rencontrent point les deux conditions qu'il exige, le plus grand nombre, sinon la totalité des personnes qu'il aurait interpellées, se seraient levées pour confirmer par leur exemple, cette triste mais trop frappante vérité.

Quel est, en effet, celui d'entre nous dont toute la vie ne se consume pas à poursuivre ces deux avantages, et combien arrivent aux termes d'une existence plus ou moins agitée sans avoir pu réussir à se les procurer.

On peut conclure de ce qui précède, que Bourdaloue s'est tracé un plan dont il ne s'écarte jamais. Après avoir fait connaître son texte, il annonce d'une manière générale quelle est la matière qu'il se propose de traiter; exposé qu'il termine invariablement par une invocation à la Sainte-Vierge.

Cela fait, il aborde résolûment son sujet; il le réduit à deux ou trois propositions, jamais davantage; d'où résulte le partage de son discours en autant de parties, mais le premier point est toujours, presque sans exception, plus long que chacun des deux autres, probablement parce qu'il croit devoir exposer d'abord les considérations qui, à raison de leur importance, lui ont paru exiger le plus de développements.

Mais ce grand homme ne fut pas seulement le premier prédicateur de son siècle. Avec l'éloquence, il avait reçu du ciel un génie facile, élevé; un esprit vif et pénétrant; une ample connaissanc de ce qu'il devait savoir; une droiture de raison qui lui faisait toujours tendre au vrai; une application constante à remplir ses devoirs, et surtout une piété solide. On conçoit qu'avec d'aussi merveilleuses qualités, il ait pu donner à ses discours une majestueuse beauté, une douceur à la fois forte et pénétrante; un ton noble et persuasif, une grandeur naturelle qui charmait ses auditeurs sans s'élever au-dessus de leur intelligence.

Bourdaloue était en effet doué au degré le plus éminent de cette parole forte, rapide, sérieuse qui triomphe des résistances les plus rebelles. Je regarde comme un caractère particulier de son talent et le point par lequel il me paraît supérieur à tous les autres prédicateurs, que dans ses discours les pensées se succèdent les unes aux autres avec un ordre et un enchaînement qui portent jusqu'à la dernière limite, l'évidence des propositions qu'il croit devoir émettre. La lecture des Saints-Pères avait enrichi son esprit de cette abondance de preuves qu'il développe avec une logique admirable et auxquelles son génie ajoute une puissance telle qu'elles persuadent les personnes les moins disposées à se laisser convaincre. En un mot, il sera pour tous les orateurs qui montent dans la chaire sacrée un modèle qu'ils s'efforceront, autant qu'il sera en eux, d'imiter, s'ils veulent atteindre à la perfection.

Malgré la sagesse et la régularité de son débit, qualités si précieuses dans le serviteur de Dieu qui expose les vérités et les devoirs de la religion, il s'élevait, souvent à ces grands mouvements qui agitaient, surprenaient et remuaient son auditoire.

Concis et serré, sans que toutefois l'on puisse l'accuser de sécheresse, avec cette sagacité qui ne l'abandonne jamais, il raisonne, il discute, et porte la conviction dans les esprits, parce que, et l'on ne saurait trop le répéter, il puisait toute sa force dans une connaissance approfondie du cœur humain et telle que chacun pouvait croire que c'était pour lui seul qu'il prononçait son discours. Il rappelle les Augustin, les Chrysostôme, les Ambroise et les autres Pères de l'Église dont les écrits sont parvenus jusqu'à nous. On a dit avec raison *qu'il en avait l'âme et le génie.* Sans se livrer à une frivole recherche des vains ornements du langage, quand le sujet le demandait ils se rencontraient naturellement sur ses lèvres. Ses sermons sont, en général, empreints d'une grâce et d'un charme continus qui font sur l'esprit du lecteur une impression d'autant plus forte, qu'ils le subjuguent et l'amènent à céder, pour ainsi dire, involontairement, à l'empire invisible qu'il exerce sur lui. On doit en conclure que jamais orateur sacré n'a réuni à un si haut degré les qualités que l'on désire rencontrer dans un prédicateur, et que nul ne saurait lui disputer à cet égard le premier rang.

Bourdaloue, outre ses sermons prêchés pendant le Carême et l'Avent, a composé plusieurs écrits d'un grand mérite. Il nous a laissé sous les titres divers de *Dominicales,* d'*Exhortations,* de *Panégyriques,* de *Pensées,* de *Retraites,* etc., des ouvrages qui lui assurent une place distinguée parmi les littérateurs du grand siècle. On y admire, en général, un fonds inépuisable de théologie morale, de véritable philosophie, unie à une dignité de style qui a trouvé peu d'imitateurs.

Nous citerons entre autres ses instructions *sur les mystères,* qu'on doit considérer comme des chefs-d'œuvre de dissertation et de lumière auxquels, dans ce genre, on ne peut rien comparer; et l'on convient unanimement que nul n'a pénétré plus avant dans la science de Dieu, et n'en a fait aussi bien connaître la profondeur et l'étendue.

Mais sous Louis XIV, d'autres orateurs aussi, contemporains de Bourdaloue, prêchaient la parole divine avec un admirable talent. Quels noms que ceux de Bossuet, de Fléchier, de Fénelon et de l'illustre auteur du *Petit-Carême*, œuvre qui, peut-être trop exaltée d'abord, ne laisse pas que d'être un monument remarquable sous le rapport du style et des vérités qu'elle enseigne.

BOSSUET. Bossuet est sans rival dans l'oraison funèbre, et la plume est impuissante à retracer la hauteur à laquelle il sut atteindre. Comme l'aigle, qui, d'un vol audacieux, s'élève vers le ciel et soudain disparaît à nos yeux, il semble, à certains instants, qu'il ne soit plus sur la terre, et l'expression nous manque pour rendre l'admiration que nous inspirent l'exorde de l'oraison funèbre de la reine d'Angleterre, la péroraison de l'oraison funèbre du prince de Condé; tandis que dans celle de Madame, duchesse d'Orléans, qui paraissait offrir peu de ressources à l'orateur, il a su trouver des effets inattendus, et tels que c'est peut-être l'une des œuvres les plus prodigieuses de son merveilleux génie.

Il s'ouvrit dans ce genre des routes nouvelles et, pour donner l'essor à une parole qui n'avait pas de modèle, il dut créer une langue qui n'existait pas. Aussi, de combien d'expressions, de formes jusqu'alors inconnues ne lui sommes-nous pas redevables. Le *Discours sur l'histoire universelle*, qui nous présente l'un des spectacles les plus grands, les plus magnifiques qu'ait pu produire l'éloquence aidée de la religion et d'une saine philosophie, et une multitude d'autres écrits, plus admirables les uns que les autres, attestent sa fécondité, l'étendue de ses lumières et l'universalité des connaissances qu'une étude de tous les instants lui avait fait acquérir et qui, mises en œuvre par un tel maître, réduisaient ses adversaires au silence, par l'impossibilité où ils se trouvaient de le combattre ou de lui répondre.

FLÉCHIER. Fléchier est principalement connu par ses oraisons funèbres; sans s'élever à la hauteur de Bossuet, il sut au moins une fois, à force de talent, atteindre jusqu'au génie, et l'oraison funèbre de Turenne est à bon droit considérée comme l'un des plus parfaits modèles que notre langue puisse offrir de l'art oratoire.

Les instructions pastorales qu'il donna à ses paroissiens pendant les troubles des Cévennes, empreintes d'une douce morale, d'une indulgence à la fois noble et touchante, démontrent une fois de plus que la politique et l'humanité ne peuvent s'appuyer sur une base plus solide que la religion, dont les principaux moyens de persuasion sont la tolérance et la charité.

MASCARON. Les sermons et les oraisons funèbres de Mascaron eurent de la réputation, et c'était un grand honneur dans un siècle où il avait pour rivaux Bossuet et Fléchier. Il est vrai que l'impression leur fut moins favorable et ses discours perdirent une grande partie du charme qu'ils devaient à une élocution à la fois forte et persuasive. Mais on ne doit pas omettre qu'il prêcha pendant plusieurs années à la Cour avec succès, et qu'il eut le bonheur de convertir en Guyenne beaucoup d'hérétiques. S'il n'eut ni l'élévation, ni la vigueur de Bossuet, s'il ne montra ni la correction ni l'élégance de Fléchier, ses œuvres ne sont pas sans mérite, et il tiendra toujours parmi les orateurs qui se sont fait entendre dans la chaire sacrée un rang honorable.

FÉNELON. Il est peu de sermons de Fénelon qui soient parvenus jusqu'à nous. Mais quand on a lu ceux de ses écrits qui nous ont été conservés, et entre tous son Télémaque, ce livre admirable où les plus nobles préceptes de l'art d'instruire les peuples et de les gouverner sont donnés avec tant de charmes, leçons dans lesquelles on ne sait ce que l'on doit le plus admirer, ou de la sagesse qui les a dictées, ou du style enchanteur dont elle sont revêtues, l'on apprend sans surprise que, dès son début dans la prédication, il enleva tous les suffrages. Un tel succès effraya son oncle et son tuteur qui, redoutant les dangereux effets qu'il pourrait avoir pour un esprit aussi heureusement doué, et voulant le fortifier dans l'étude et la pratique de la vérité, exigea qu'il consacrât plusieurs années à la retraite et au silence.

Mais la confiance qu'inspirait son talent oratoire, conduisit bientôt à l'appeler à la direction des *nouvelles catholiques* et l'on ne pouvait choisir un ministre des autels dont la parole éloquente, unissant la force à la douceur, fût susceptible de produire sur son auditoire une impression plus favorable. Dans ces discours, il donna le premier exemple de ce talent de toucher et de plaire dont ses admirables ouvrages nous offrent tant de preuves et qui constitue à nos yeux son plus grand titre de gloire.

Les écrivains illustres que nous venons de nommer ont tous prononcé des sermons dont nous avons seulement une partie, mais quoique la plupart d'entre eux nous offrent des traces du génie auquel, à d'autres titres, ces grands hommes ont dû leur haute renommée, les personnes même qui rendent à leur mérite le plus éclatant hommage, sont unanimes pour reconnaître que, dans l'art de la prédication, ils sont restés inférieurs à Bourdaloue.

MASSILLON. Massillon seul a paru pouvoir, sous ce rapport, lui être opposé, et même, aux yeux de quelques personnes, avec avantage. Nous n'hésitons pas à considérer leur jugement comme altéré par une certaine tendance irréligieuse. La préférence imméritée qu'elles lui accordent provient, en effet, de l'attrait que leur inspire naturellement un orateur qui, parlant devant un roi enfant, se laisse aller à une liberté de langage dans laquelle ils aiment à saluer l'aurore de ces théories nouvelles qui, bientôt, les philosophes du xviii⁰ siècle aidant, portées au-delà de toute sage limite et dépassant de bien loin la révolution de 1789, nous ont valu 1793 et 1871, leurs tristes, mais peut-être inévitables conséquences.

Certes, loin de nous la pensée de méconnaître l'immense talent du célèbre évêque de Clermont. Alors même que les éloges prodigués à ses discours, nous paraîtraient empreints d'exagération, son caractère aimable, sa douceur évangélique suffiraient pour lui acquérir toutes nos sympathies. On regrette toutefois que, dans quelques circonstances, il ait porté la condescendance jusqu'à la faiblesse, et l'on pourrait difficilement justifier la complaisance qu'il montra pour l'indigne cardinal Dubois, qui l'en récompensa, d'ailleurs, par le don de l'abbaye de Savigny.

Buffon l'a dit avec une certaine vérité : *le style, c'est l'homme même*. Les qualités morales que possédait Massillon à un aussi haut degré, se retrouvent dans ses ouvrages dont les principaux caractères sont la simplicité et l'onction. Il cherche plus à captiver l'âme, à l'attendrir qu'à la subjuguer. Son éloquence pure, correcte, d'une élégance continue, a de la noblesse, et l'on cite plusieurs passages de ses discours, entre autres celui qu'il prononça sur le *Petit nombre des élus*, où il atteint au sublime.

Il est facile de se convaincre, par la lecture de ses écrits, que nul n'a élevé le style à un plus haut degré de perfection. Mais son *Petit Carême*, regardé longtemps comme un chef d'œuvre, apparaît aujourd'hui comme une de ses plus faibles productions.

En résumé, Massillon savait émouvoir les âmes et parler au cœur. Le sentiment prédominait dans ses discours. Il possédait, au suprême degré, l'art de charmer ses auditeurs. Mais cette impression du moment était malheureusement fugitive. Il opérait peu de conversion sérieuses ; l'on oubliait bientôt tout ce qu'il avait dit de meilleur et de plus touchant, et c'est ce qui assure à Bourdalone, comme prédicateur, une supériorité incontestable.

Dominant les esprits de tout l'ascendant d'une haute raison, il les force à reconnaître la vérité des principes qu'il énonce et qu'il développe avec une invincible logique. Tout entier au sujet qu'il a choisi, il se fait oublier lui-même, tandis qu'avec une modération dont il ne s'écarte jamais, et qui est le plus sûr moyen de convaincre, il n'exagère point les devoirs qu'impose la religion. Il atteint ainsi le but que doit se proposer l'orateur chrétien, en démontrant à ses auditeurs que les préceptes de la loi divine sont d'une pratique facile et que, par conséquent, nul n'est fondé à s'y soustraire. Quelque matière qu'il traite, il la considère sous ses différents aspects, n'omettant aucune des conséquences que l'on peut en déduire, au point qu'il est bien difficile, pour ne pas dire impossible, de trouver une considération qui lui ait échappé. Son style toujours grave, toujours sérieux, unit la force à la simplicité, le naturel à la noblesse. Il se soutient toujours aussi éloigné d'une emphase ridicule que d'une regrettable familiarité; nul enfin ne l'a égalé dans l'art de penser et de donner à l'appui de ses assertions des preuves d'une solidité irrésistible.

La Harpe, avant sa conversion, avec une coupable légèreté, dont il a cru devoir faire depuis amende honorable, avait sacrifié à Massillon Bourdaloue qu'il n'avait pas lu. Quand il eut reconnu son erreur, il crut devoir lui faire une réparation tardive, bien plus nécessaire à la réputation littéraire du critique abusé, qu'à l'immortelle renommée de l'illustre enfant du Berry. Alors, pour définir son talent, il se livra à de longs développements, dont nous nous bornerons à extraire cette phrase :

« Nulle part le christianisme n'est plus grand aux « yeux de la raison que dans Bourdaloue. »

Proposition d'une extrême justesse et que nous nous sommes efforcé d'établir dans ce discours.

Et la conclusion :

« En résumé, je crois que Massillon vaut mieux « pour les gens du monde et Bourdaloue pour les « chrétiens. »

L'abbé Maury, si bon juge en fait d'éloquence, déclara que Massillon, dont il reconnaît le mérite *comme écrivain* est *comme orateur* au-dessous de sa réputation; et il ajoute, après un éloge bien justifié de Bourdaloue, « Je ne pense jamais à ce grand homme sans me dire à « *moi-même* : *Voilà donc jusqu'où le génie peut s'éle-* « *ver, quand il est soutenu par le travail !* »

Ces hommages, rendus entre mille autres au célèbre prédicateur par deux écrivains d'un si grand poids décident la question.

Le devoir de l'orateur sacré est, en effet, moins de plaire que de persuader, et l'on ne saurait refuser la première place au ministre des autels, dont la parole, à la fois grave et puissante, fait pénétrer dans l'esprit de ses auditeurs, par la vigueur de sa logique, la clarté et la force de ses arguments, une conviction qui ne s'efface jamais.

S'il nous est permis de venir, après tant d'illustres témoignages, dire nos impressions personnelles, qui ne peuvent malheureusement résulter que de la lecture des sermons des deux rivaux, nous avouerons que, malgré toutes les séductions du style, les discours de Massillon n'ont pas le pouvoir de captiver notre attention d'une manière continue ; qu'à diverses reprises, il nous arrive de perdre de vue les propositions qu'il se propose d'établir; tandis que, dans Bourdaloue, il n'est aucun passage qui ne nous ait paru heureusement lié avec celui qui précède, et que de l'exorde à la péroraison, l'enchainement méthodique de ses développements permet constamment à notre esprit de les suivre avec autant d'intérêt que de charme. Aussi, bien longtemps avant ce jour, la prééminence de l'éloquent prédicateur nous paraissait hors de discussion, comme elle le sera pour tout homme impartial qui se livrera de bonne foi à une étude sérieuse des divers orateurs qui se sont fait entendre dans la chaire sacrée.

Cédant à l'attrait d'une similitude qui naissait naturellement du génie particulier de chacun d'eux, on a dit que Bourdaloue rappelait Démosthènes et Corneille, Massillon, Cicéron et Racine. Quelque séduisant que puisse paraître un pareil rapprochement, comme toutes les comparaisons, il n'est pas d'une exactitude parfaite. Si Bourdaloue n'a pas l'impétuosité et la fougue de Démosthène, et la morale évangélique qu'il prêchait ne le comportait pas, s'il offre moins de traits sublimes que Corneille, son style, toujours correct et d'une élégance continue, ne présente ni les imperfections, ni les défauts de goût que l'on reproche au père de la tragédie française.

Si, dans le grand siècle, la parole divine eut d'éloquents interprètes, les temps qui l'ont suivi n'ont pas laissé que de produire aussi des prédicateurs d'un immense talent, dont la tâche, ainsi que nous l'avons dit, était plus pénible que celle de leurs prédécesseurs. Ils avaient, en effet, à combattre l'incrédulité dont on commença à faire ouvertement profession, lorsqu'après la mort du monarque, dont l'autorité et l'exemple avaient comprimé ces coupables tendances, la France eut à déplorer le scandaleux spectacle des orgies de la Régence. Mais les vaillants athlètes que la Providence suscita pour défendre la religion outragée, ne faillirent pas à leur noble mission. Nous avons déjà cité le missionnaire Bridaine, mais on conçoit qu'il nous serait impossible de nommer tous les ministres du culte qui ont continué les immortelles traditions des Massillon et des Bourdaloue. On ne saurait, toutefois, passer sous silence l'abbé Maury, qui, après s'être élevé au premier rang des orateurs, par le talent et le courage qu'il déploya à l'origine de nos troubles politiques, devait terminer dans la honte et l'apostasie une carrière qu'il avait inaugurée avec tant d'éclat. Mais que dire des Boulogne, des Macarthy, des Frayssinous, des Ravignan, des Dupanloup, dont les instructions ont légué à la jeunesse qui se pressait, avide de les entendre, dans l'enceinte trop étroite de nos immenses basiliques, de si touchants et de si profonds souvenirs! Qui de nous ne se rappelle également ce religieux, à bon droit, célèbre, dont l'éloquence à la fois fougueuse et savante, semblait, non-seulement se faire un jeu des difficultés, mais même prendre plaisir à les créer, pour avoir la gloire de les résoudre, but qu'il n'a pas toujours atteint. Tandis qu'en remettant en question des points que la sagesse de l'Eglise avait depuis longtemps définis, en faisant naître des doutes qu'avant lui souvent on n'avait pas conçus et que toute son intelligence, quelque confiance qu'elle lui inspirât d'ailleurs, ne parvenait pas toujours à dissiper, il courait le risque de laisser ses auditeurs, lorsqu'ils n'étaient plus soumis à l'influence d'une élocution pleine de séduction et de charmes, plus incertains peut-être qu'ils ne l'étaient avant qu'il fût monté dans la chaire sacrée.

Après avoir considéré Bourdaloue comme orateur on est heureux de pouvoir ajouter que, dans sa vie privée, il n'était ni moins admirable, ni moins digne d'éloges. Il était du trop petit nombre des hommes qui n'ont pas besoin de se parer d'ornements d'emprunt pour obtenir l'estime publique, bien différents de ces hypocrites qui se déguisent avec plus ou moins de succès, afin de représenter au dehors un personnage de convention. Suivant le témoignage de ceux de ses contemporains qui ont vécu dans son intimité, il inspirait d'autant plus de vénération qu'il était vu de plus près. Nul ministre du culte ne fut plus attaché à ses devoirs. Hors de l'église, comme dans la chaire, il savait rendre la religion aimable, même aux personnes que l'on aurait pu accuser d'impiété. Aussi l'on apprend sans surprise que sa parole produisait d'abondantes moissons, et qu'il eut le bonheur de recueillir de ses travaux le prix le plus désirable à ses yeux, en opérant de nombreuses conversions, dont quelques-unes même eurent une certaine célébrité.

De tels résultats l'obligèrent de joindre aux pénibles exercices de la prédication une assiduité non moins fatigante peut-être au tribunal de la pénitence; au lieu de puiser dans ses nobles fonctions une excuse qu'on aurait facilement admise pour l'en dispenser, disons, comme un des plus beaux traits de son caractère si remarquable à tant de titres, qu'il ne faisait aucune distinction entre les nombreux pénitents qui recouraient à l'envi à sa haute expérience; et le plus obscur particulier trouvait en lui les mêmes secours que les personnes appartenant à la classe la plus élevée.

Terrible alors qu'il foudroyait du haut de la tribune sacrée les chrétiens coupables de faiblesses ou d'erreurs, il était, dans le confessionnal, d'une mansuétude et d'une bienveillance à laquelle la sévérité qu'il se croyait obligé de professer dans ses discours, donnait un nouveau prix. Implacable contre le péché, il était plein d'indulgence pour le pécheur.

Son abord, à la fois simple et affable, encourageait les personnes qui, par respect pour les hautes occupations de son génie, se seraient fait un scrupule de s'adresser à lui, tandis que ses manières toujours polies, respectueuses même, sans bassesse, ajoutaient encore au désir que l'on éprouvait de lui donner sa confiance.

Nulle considération n'était capable, d'ailleurs, d'ébranler sa fermeté. Il parlait toujours avec l'autorité de son caractère sacré, sans jamais en altérer la dignité. Il put se rendre ce témoignage que, pendant quarante ans d'apostolat, il ne lui était pas échappé, soit lorsqu'il portait la parole en public, soit dans les conférences particulières, une seule phrase qui provoquât la plus légère critique, à une époque où la moindre irrégularité aurait été promptement relevée.

Il refusa constamment, avec la plus louable humilité, les emplois supérieurs auxquels son mérite l'eût naturellement fait élever par la Compagnie; trop heureux de pouvoir, en conservant la position modeste qu'il ne voulut jamais abandonner, consacrer quelques instants aux intérêts de son salut.

On ne saurait trop admirer le zèle infatigable avec lequel ce grand homme accourait au chevet des malades. Appelé, on le conçoit, de toutes parts, dès qu'on eût reconnu qu'il ne refusait son assistance à personne, il eut voulu, dans l'ardeur d'une charité qui ne lui permettait pas de consulter ses forces, se transporter partout où l'on réclamait ses soins, et, de la chaire qu'il occupait avec un éclat qui n'a pas été surpassé, on le voyait arriver, comme le plus modeste religieux, au lit d'un mourant, sans jamais s'abstenir, en pareille occurrence, quelque inconvénient qui pût en résulter pour lui, qui venait d'exercer, souvent pendant des heures entières, le ministère si laborieux de la parole.

Mais le ciel semblait bénir cette abnégation au-dessus de tout éloge; et l'on a constaté, non sans une certaine admiration, que, malgré ce que l'on pouvait craindre d'un pareil dévouement continué, pour ainsi dire, pendant près d'un demi-siècle sans interruption, il n'éprouva aucune indisposition sérieuse : résultat auquel contribua aussi, sans doute, la parfaite régularité du genre de vie qu'il avait adopté, et une sobriété extrême dont il ne s'écarta jamais.

Plein de loyauté, de franchise, il ne pouvait supporter ni le déguisement ni l'artifice. Mais il savait triompher de ses impressions personnelles et conserver d'excellents rapports avec des personnes d'un caractère entièrement opposé au sien. On a remarqué la rare sagacité dont il fit constamment preuve, lorsqu'il eut à traiter des affaires d'une haute importance.

Sans aucun effort de sa part, sans l'avoir jamais recherchée, il possédait la confiance des classes les plus élevées; et, nous l'avons dit, il se dévouait avec le même zèle à tous ceux que lui adressait la Providence, à quelque rang qu'ils appartinssent.

Quoiqu'il jouît de l'estime des plus hauts personnages, on ne le vit jamais user de son crédit pour l'avancement des membres de sa famille, même de ceux dont la naissance ou le mérite auraient pu justifier sa puissante recommandation.

En rapports intimes avec deux ministres, dont les vues étaient différentes, souvent même opposées, il conserva simultanément l'amitié de l'un et de l'autre. Dans les maisons les plus divisées, il savait se maintenir en bonne intelligence avec tous leurs membres, quels que fussent leurs sentiments respectifs.

Il n'offrait point ses conseils, il attendait qu'on les lui demandât, et ne se blessait point si l'on n'y avait pas égard; mais quand ils se rapportaient à la direction des consciences, il fallait les suivre ou renoncer à le consulter désormais. On ne le vit jamais intervenir entre le mari et la femme, entre le maître et ses serviteurs, ni s'immiscer dans les affaires privées de ses pénitents, de quelque nature qu'elles fussent.

Lorsque l'on réclamait ses avis, il réfléchissait longtemps avant de les donner. Par un heureux don de la Providence, avec cette confiance qui est le caractère des grandes âmes, il présumait toujours le bien, et ne croyait au mal que lorsqu'il lui était devenu impossible de le méconnaître.

Enfin, ce que l'on n'aurait pas conclu de son genre d'éloquence à la fois grave et sévère, loin d'effrayer ses pénitents par l'austérité de ses discours, il les reprenait avec une charité, avec une douceur à laquelle il était difficile de résister. On assure même, et nous l'avons dit, quelqu'invraisemblable que puisse paraître cette assertion, que son abord était de la plus grande affabilité. Sévère en tout ce qui le concernait, rigide observateur des devoirs de sa profession, il était très-indulgent pour les autres, sans toutefois sacrifier jamais la morale évangélique ni l'exacte observation des devoirs qu'elle prescrit.

Dans le commerce ordinaire de la vie, il savait se dépouiller de l'austérité habituelle de son ministère; saisissant avec beaucoup de tact et de convenance le moment opportun pour exercer sur les personnes avec lesquelles il se trouvait en relation une salutaire influence, il ne laissait échapper aucune des circonstances favorables que la Providence pouvait lui offrir. Il ne souffrait pas que l'on portât atteinte à la religion; ce que l'on aurait pu d'ailleurs se permettre difficilement en sa présence; cependant, le cas échéant, il savait, sans offenser son interlocuteur, le reprendre avec un mélange d'onction et de fermeté, et le conduire insensiblement par la supériorité de sa haute raison aux sentiments qu'il voulait lui inspirer.

Ce tact admirable qui lui permettait de ménager toutes les opinions et de se concilier les personnes du caractère le plus opposé au sien, l'indulgence dont il savait user avec tant d'à-propos, ramenait plus d'âmes à Dieu que n'aurait pu le faire une intempestive sévérité.

On le voyait souvent abandonner sans hésiter, et avec un louable empressement, les sociétés les plus agréables et du rang le plus élevé pour remplir les devoirs de son ministère, lorsque l'on venait réclamer son assistance, en laissant même ordinairement ignorer le motif de son héroïque retraite.

L'on apprendra sans surprise que des fonctions d'une telle importance remplies avec un aussi noble dévouement, lui méritèrent une confiance universelle, et que les plus grands personnages du royaume tenaient à honneur d'entretenir des rapports avec lui.

Sa modestie, et c'est sans doute beaucoup dire, était égale à son mérite; il oubliait tout ce qui concernait sa considération personnelle, pour ne s'occuper que de la gloire des autres; trop grand pour être accessible à l'envie, il était prodigue de louanges envers toutes les personnes qui lui en paraissaient dignes; il disait, à cet égard, que Dieu, en lui permettant de reconnaître le néant de tout ce qui brillait aux yeux des hommes, lui avait accordé la grâce de n'en être pas ébloui.

Sans se prévaloir des dispenses qu'il aurait facilement obtenues, il n'omit jamais la lecture de son bréviaire, dont les offices semblaient avoir pour lui un attrait particulier; il paraît constant qu'à moins de maladie ou d'impossibilité indépendante de sa volonté, il n'a pas été un seul jour sans célébrer le saint sacrifice de la messe. Une dévotion empreinte d'une vaine ostentation, était à ses yeux peu recommandable; aussi personne n'en était plus éloigné que lui. Il prêchait aussi volontiers dans les hôpitaux, dans les plus humbles sanctuaires, que devant la cour brillante que charmait son éloquente parole.

On veut aussi qu'il ait donné des preuves d'une grande humilité. Sans approfondir, au delà du possible, les sentiments intérieurs dont Dieu seul a le secret, et jugeant, chacun à son point de vue, les impressions qu'il pouvait éprouver au milieu des témoignages d'admiration qu'il recevait de toutes parts, l'on est obligé d'admettre, d'après tous les mémoires du temps, et l'on ne saurait exiger davantage de la nature humaine, que tout dans ses manières respirait un parfum de modestie et de peu d'estime de lui-même, qui relevait encore le mérite de ses nobles et rares qualités.

Il cessa de paraître à la cour à l'âge de soixante ans, mais il ne renonça point pour cela au ministère de la parole. Il se consacra aux assemblées de charité, aux hôpitaux, aux prisons, etc. Après avoir fait trembler les grands par la courageuse sévérité de ses discours, il venait répandre dans le sein des malheureux que consolait son langage plein de miséricorde et d'onction, les aumônes que l'on ne pouvait refuser à son éloquence naturelle, rendue plus puissante encore par la flamme la plus pure de la plus ardente charité. Également goûté des grands et du peuple, des savants et des simples, nul ne savait mieux que lui se rendre maître du cœur et de l'esprit de ses auditeurs, les guérir de leurs erreurs et les soumettre à l'empire de la vérité, sorte de domination qu'il conserva jusqu'à la mort.

Sa conduite fut telle, d'ailleurs, que malgré la sévérité à laquelle on n'était généralement que trop porté envers les personnes de l'ordre célèbre auquel il appartenait, la médisance, qui n'avait pas toujours épargné Massillon, réduite au silence par la sagesse et la dignité constante de son caractère, ne trouva jamais à s'exercer ni sur ses discours ni sur ses mœurs.

Bourdaloue désirant passer dans la retraite les dernières années de sa vie, avait, à diverses reprises, supplié ses supérieurs de l'autoriser à fixer sa résidence en province, dans une des maisons de l'ordre, à la Flèche, par exemple ; en 1702, il renouvela sa demande avec une nouvelle ardeur. Mais Dieu, qui jugeait son ministère à Paris plus utile au salut des âmes, ne permit pas que l'on se rendît à ses désirs, et la parfaite résignation avec laquelle il se soumit aux décisions prises à son égard fait le plus grand honneur à son noble caractère.

Il ne devait malheureusement pas voir se prolonger une existence aussi bien remplie.

Une communauté religieuse, illustre par les personnes qui la composaient, et célèbre par l'austérité de sa règle, lui demanda de vouloir bien prêter à la prise d'habit d'une novice l'éclat de sa parole, service qu'il avait rendu à plusieurs établissements du même genre. Il ne crut pas pouvoir se refuser au vœu qu'on lui exprimait. Ce fut le chant du cygne.

Quoique atteint d'un rhume violent, il parla avec autant de force et d'abondance que jamais. Le mal augmenta, et, sans se laisser abattre, il redoubla d'assiduité auprès des malades et au tribunal de la pénitence, pendant les huit jours qui suivirent. On peut donc dire de lui, comme du premier grenadier de France, qu'il *est mort au champ d'honneur*.

Il tomba dangereusement malade le 11 mai 1704. Mais il voulut dire encore la messe le 12, jour de la Pentecôte; le 13, il expira à cinq heures du matin.

Il vit les apparences de la mort avec un calme, une résignation que l'on doit bien moins attribuer à la fermeté naturelle d'un esprit supérieur qu'à la sincérité de sa foi, à l'espérance chrétienne qui le soutenait à cette heure redoutable.

On donne comme une preuve irrécusable et bien rare, d'ailleurs, de sa modestie, qu'il ne voulut jamais permettre que l'on fît son portrait. On aurait pu croire le contraire, d'après les remercîments que Boileau adresse à Mme de Lamoignon, et qui commencent par ces deux vers :

> Du plus grand orateur dont la chaire se vante
> M'envoyer le portrait, illustre présidente, etc.

que nous citons à dessein, parce que le premier, sous la plume du critique sévère dont le suffrage était d'un si grand prix, est un hommage bien précieux à joindre à tous ceux que l'on rendait à l'envi au talent du célèbre prédicateur.

Cependant, les recherches les plus minutieuses confirment l'assertion que nous avons émise et conduisent à cette conclusion, que si les traits de Bourdaloue ont été reproduits, ils ne le furent que de mémoire, et après sa mort.

On doit conclure de ce qui précède, que Bourdaloue fit de l'éloquence évangélique un art profond et régulier, et qu'il fut le plus digne représentant de la raison combattant pour la foi.

La sagacité qui le guide dans le choix et l'exposition de ses preuves, l'art avec lequel il procède aux développements que lui paraît exiger son sujet, l'irrésistible puissance de sa logique, l'inépuisable fécondité des moyens qu'il emploie pour convaincre son auditoire, font, à nos yeux, de Bourdaloue, le premier de nos orateurs sacrés, et lui assurent un rang élevé parmi les grands hommes qui ont illustré le XVIIe siècle, et auxquels, dans des genres si divers, la Providence avait départi un génie, qui n'a pas été égalé depuis.

Enfin, suivant le témoignage unanime de ses contemporains, sa conduite était encore plus éloquente que ses paroles.

Que pourrait-on ajouter à cet éloge ?

EXTRAITS DES LETTRES DE Mme DE SÉVIGNÉ.

16 décembre 1670. — Bourdaloue prêche divinement bien... Il passe infiniment tout ce que nous avons vu.

13 mars 1671. — J'ai été en Bourdaloue... Tout ce qui était au monde était au sermon, et ce sermon était digne de tout ce qui l'écoutait. J'ai songé vingt fois à vous, ma fille, et vous souhaitais autant de joie auprès de moi; vous auriez été ravie de l'entendre...
Ah! Bourdaloue, quelles divines vérités vous nous avez dites aujourd'hui sur la mort.
26 mars 1671. — Je veux aller demain à la passion du Père Bourdaloue; j'ai toujours honoré les belles passions.

27 mars. — J'ai entendu la passion de Mascaron qui était très-belle et très-touchante. J'avais grande envie de me jeter dans le Bourdaloue, mais l'impossibilité m'en a ôté le goût. Les laquais y étaient dès mercredi et la presse était à mourir. Vous vous plaignez de n'entendre parler de Dieu que d'une certaine manière. Ah! Bourdaloue! Il fit, à ce que l'on m'a dit, une passion plus parfaite que tout ce qu'on peut imaginer. C'était celle de l'année dernière qu'il avait modifiée selon ce que ses amis lui avaient conseillé, afin qu'elle fût inimitable.

Avril 1673. — Le maréchal de Grammont était l'autre jour si transporté de la beauté d'un sermon de Bourdaloue, qu'il s'écria tout haut en un endroit qui le toucha : Mordien, *il a raison*. Madame éclata de rire et le sermon en fut tellement interrompu qu'on ne savait ce qui arriverait.

Février 1674. — Le Père Bourdaloue fit un sermon le jour de Notre-Dame qui transporta tout le monde. Il était d'une force à faire trembler les courtisans. Jamais aucun prédicateur évangélique n'a prêché si hautement et si généreusement les vérités chrétiennes. Il était question de faire voir que toute puissance doit être soumise à la loi, à l'exemple de Notre-Seigneur, qu'on a présenté au temple. Enfin, ma fille, cela fut porté au point de la plus haute perfection et certains endroits furent poussés comme les aurait poussés l'apôtre saint Paul.

29 mars 1680. — Nous entendîmes après dîner le sermon du Père Bourdaloue, qui frappe toujours comme un sourd, etc. (Voir au texte.)

28 mars 1689. — Tous les sermons de cette année sont écoutés quand le grand Pan ne prêche pas. Le grand Pan c'est le grand Bourdaloue, qui faisait languir, l'année dernière, le Père de Latour, le Père de la Roche même, le Père Anselme, qui brille à Saint-Paul, et le Père Gaillard, qui fait des merveilles à Saint-Germain l'Auxerrois, etc, etc.

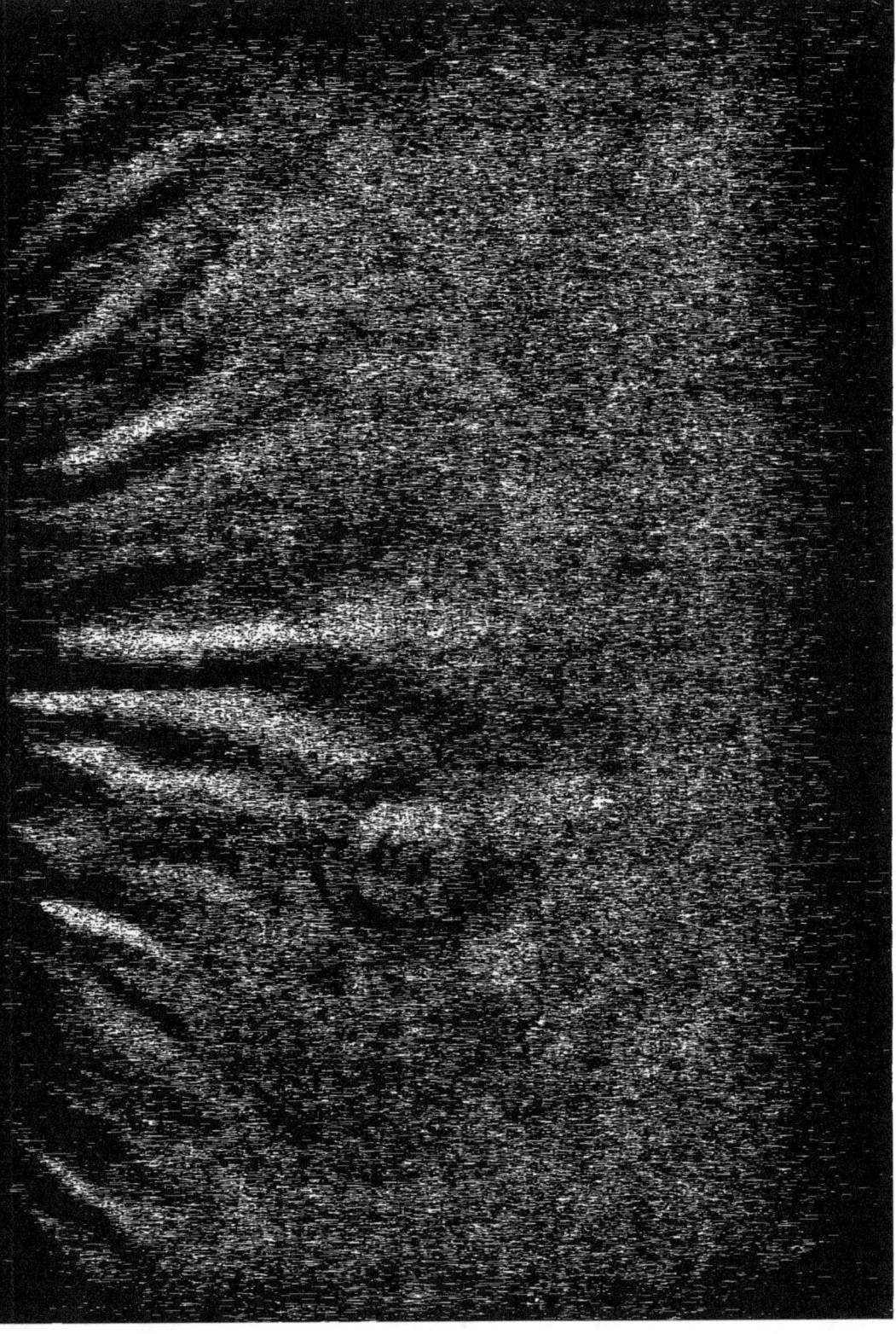

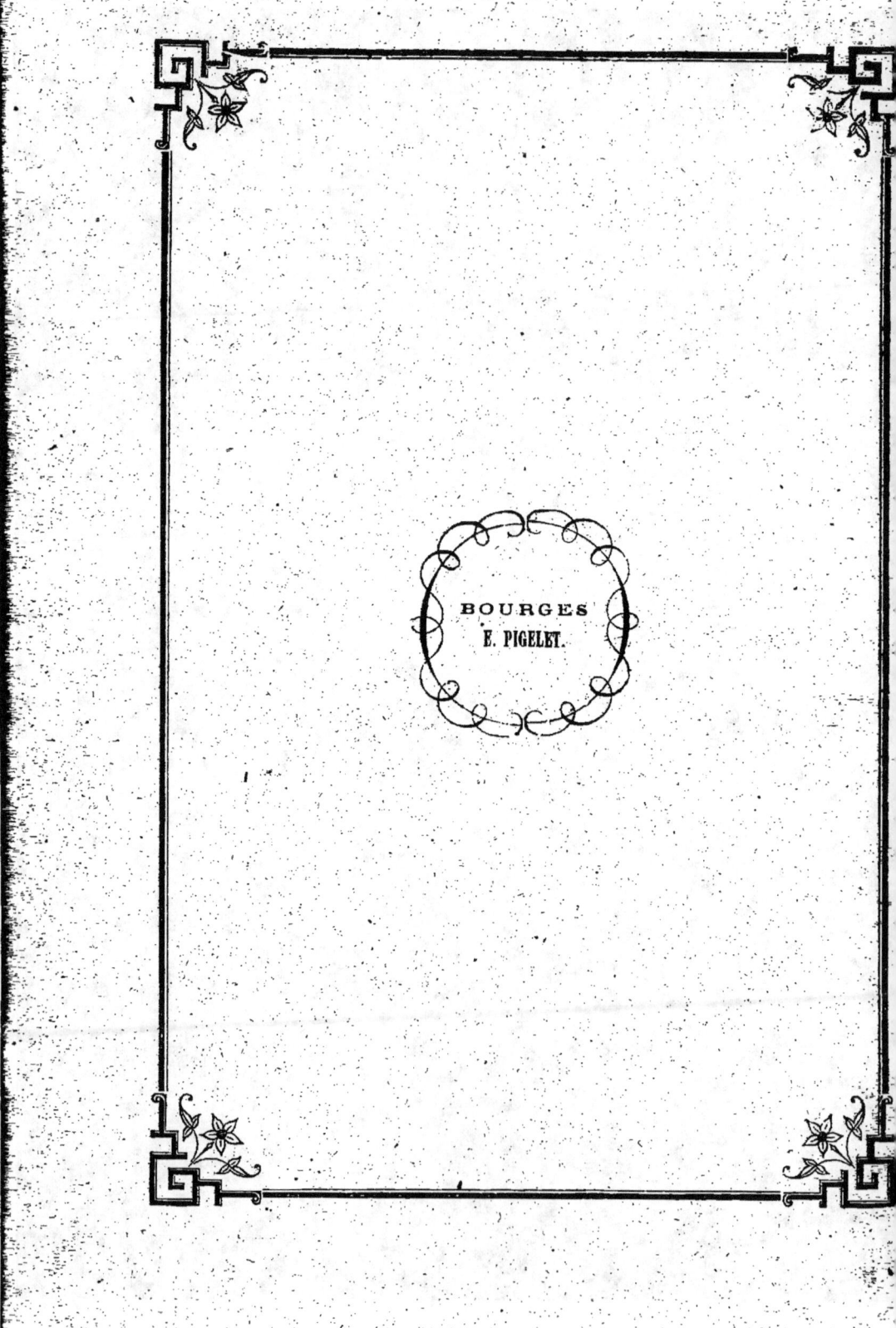

www.ingramcontent.com/pod-product-compliance
Lightning Source LLC
LaVergne TN
LVHW020049090426
835510LV00040B/1646